1. Lesestufe

Manfred Mai

Ein tierischer Schultag

Mit Bildern von Susanne Wechdorn

Erhard Dietl

Willi Vampir in der Schule

Ravensburger Buchverlag

Die Schreibweise entspricht den Regeln der neuen Rechtschreibung.

3 2 1 04 05 06

Ravensburger Leserabe

Umschlagillustration: Susanne Wechdorn
Printed in Germany
ISBN 3-473-36032-5

www.ravensburger.de

Manfred Mai

Ein tierischer Schultag

Mit Bildern von Susanne Wechdorn

Inhalt

Anne überrascht Julia

Anne steht vor der Haustür.
Sie hat ihren Schulranzen auf dem Rücken und ihren Dackel Schnuffel an der Leine.

Schnuffel bellt und zerrt an der Leine.
„Wir können noch nicht gehen.
Wir müssen auf Julia warten.“

Zum Glück dauert es nicht lange,
bis Annes Freundin Julia
aus dem Haus nebenan kommt.

Julia wundert sich, dass Anne
Schnuffel dabei hat. „Musst du noch
mit ihm Gassi gehen?“, fragt sie.

Anne schüttelt den Kopf.
„Das hat meine Mama schon gemacht.“

Jetzt versteht Julia gar nichts mehr.
„Und was machst du dann hier
mit Schnuffel?“, fragt sie. „Wir müssen
doch jetzt in die Schule.“

„Ich nehme ihn heute mit
in die Schule“, antwortet Anne.
Sie krault Schnuffel hinter den Ohren.

Julia zeigt ihrer Freundin einen Vogel.
„Du kannst doch keinen Hund
mit in die Schule nehmen.“

„Kann ich wohl“, sagt Anne. „Meine Mama ist heute bis zwölf Uhr weg. Und wenn Schnuffel ganz allein im Haus ist, fürchtet er sich.“

„Herr Linder schimpft bestimmt mit dir, wenn du Schnuffel mitbringst“, meint Julia.

Anne schüttelt den Kopf und sagt:
„Herr Linder mag Hunde. Das hat er selbst mal gesagt.“

Julia verdreht die Augen.
„Aber doch nicht im Klassenzimmer!“

„Das werden wir ja sehen“, sagt Anne.
Sie streicht Schnuffel über den Kopf
und flüstert: „Er mag dich bestimmt.“

Julia, Anne und Schnuffel gehen
auf dem Gehweg zur Schule.
Schnuffel bleibt öfter stehen
und hebt das Bein.

„Wenn dein Schnuffel an jede Ecke und jeden Baum pinkelt, kommen wir noch zu spät“, meckert Julia.

Sie kommen nicht zu spät.
Aber die Kinder schauen Schnuffel mit großen Augen an.

Schnuffel ist kein Nilpferd

Auch Herr Linder staunt,
als er Schnuffel entdeckt.
„Was ist denn das?“, fragt er.

„Ein Hund", ruft der vorlaute Jens.
„Dass es kein Nilpferd ist,
sehe ich selbst", sagt Herr Linder.

Die Kinder lachen. Ein Mädchen
streckt Jens die Zunge raus.

„Das ist mein Schnuffel“, murmelt Anne.
Dabei krault sie ihn wieder
hinter den Ohren, dass er fiept.

„Will dein Schnuffel etwa lesen und schreiben lernen?“, fragt Herr Linder und sieht dabei kein bisschen böse aus.

Wieder lachen die Kinder.
„Hunde können doch gar nicht lesen und schreiben lernen“, sagt Jana.

„Jedenfalls nicht in dieser Schule."
Herr Linder möchte wissen, warum Anne ihren Hund mitgebracht hat.

Da erzählt sie, warum sie Schnuffel nicht zu Hause lassen konnte.

„Mein Papa ist bei der Arbeit
und meine Mama muss heute Morgen
zu einer Sitzung. Dann wäre Schnuffel
ganz allein zu Hause. Und wenn er
allein ist, fürchtet er sich.“

Das verstehen die Kinder.
Und nun lachen sie auch nicht mehr.

Herr Linder reibt sich lange
am linken Ohrläppchen,
wie immer, wenn er nachdenkt.

„Tiere haben in der Schule eigentlich nichts zu suchen“, sagt er schließlich.

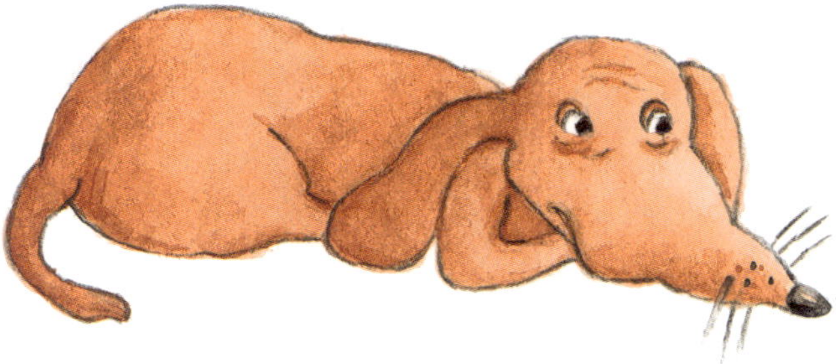

„Aber ich verstehe, dass du deinen Schnuffel nicht allein im Haus lassen wolltest.“
Das hätte Herr Linder lieber nicht sagen sollen.

Eine Schule voller Tiere

Am nächsten Tag wimmelt es
im Klassenzimmer nur so von Tieren.

Jana und Lars haben
Meerschweinchen mitgebracht,
Sofie und Laura ihre Katzen.

Lisa hat ihren Goldhamster dabei,
Markus zwei weiße Mäuse.

Auf dem Tisch von Maria
steht ein Vogelkäfig,
in dem zwei Wellensittiche sitzen.

Sami hält eine Schildkröte in den
Händen.
Neben Michael steht ein Schäferhund.

Paul streichelt seinen Pudel
und Timo bindet seinen Mops
mit der Leine am Stuhl fest.

Das passt dem Mops nicht.
Er fängt an zu zerren und zu bellen.
Sofort bellen auch die anderen Hunde.

Die Katzen mögen Hundegebell nicht,
sie miauen und fauchen.

Den anderen Tieren ist das alles zu laut.
Die Wellensittiche flattern
aufgeregt durch den Vogelkäfig.

Die Meerschweinchen fiepen,
die weißen Mäuse pfeifen.

Der Goldhamster versteckt sich
und die Schildkröte zieht den Kopf ein.

„Was ist denn hier los?“,
fragt Herr Linder. „Ist aus der Schule
jetzt ein Zoo geworden?“

„Ja!“, ruft Jens.
„Und Sie sind der Zoodirektor!“
„Und was bist du?“, fragt Herr Linder.

„Der ist ein blöder Affe“, ruft Jasmin.
„Und du bist eine dumme Gans“,
gibt Jens zurück.

„Wenn hier so viele Tiere sind,
muss ich wohl wirklich im Zoo sein“,
sagt Herr Linder.

Steffen knurrt wie ein Löwe.
Büsra trompetet wie ein Elefant.

Sofort sind alle Tiere still und schauen
ängstlich nach dem Elefanten.

Hilfe, eine Maus!

Herr Linder stellt seine Tasche ab und setzt sich auf das Pult.

„So habe ich mir den Unterricht zwar nicht vorgestellt“, sagt er.

„Aber wenn ihr eure Tiere heute schon mitgebracht habt, werden wir uns mal über Haustiere unterhalten."

Während Herr Linder von Tieren erzählt,
entwischt Markus eine Maus.

Sie klettert blitzschnell
an Herrn Linders Hose hoch.

Bevor er etwas merkt,
sitzt die Maus auf seiner Schulter.

Das sehen die Katzen.
Sofort machen sie sich los
und wollen die Maus fangen.

Die Hunde jagen hinter den Katzen her.
Und alle springen an Herrn Linder hoch.

Der steigt schnell auf das Pult und ruft:
„Was ist denn los mit euch?
Was wollt ihr denn von mir?
Weg da! Verschwindet!“

„Meine Maus! Meine Maus!“,
ruft Markus ängstlich.

Da entdeckt Herr Linder die Maus
auf seiner Schulter.
„Hilfe, eine Maus!“, kreischt er
und schüttelt sich.

Die Maus kann sich nicht mehr halten
und fliegt auf das Pult. Herr Linder
springt mit einem Satz hinunter und
bringt sich vor der Maus in Sicherheit.

Bevor eine Katze die ängstliche Maus schnappen kann, ist Markus bei ihr, nimmt sie in die Hände und beschützt sie vor den Katzen.

„Holt eure Hunde und Katzen zurück!“, ruft Herr Linder. „Ihr bringt jetzt alle Tiere nach Hause.

Ich muss mich erst mal von dem Schreck erholen. Heute fällt die Schule aus!“

Die Kinder laufen johlend
aus dem Klassenzimmer.

Leserätsel

Super, du hast das ganze Buch geschafft!
Hast du die Geschichte ganz genau gelesen?
Mal sehen, ob du die Fragen beantworten kannst.
Wenn nicht, lies einfach noch mal
auf den Seiten nach. Wenn du die richtigen
Antwortbuchstaben in die Kästchen auf Seite 43
eingesetzt hast, bekommst du das Lösungswort.

Fragen zur Geschichte

1. Warum nimmt Anne ihren Schnuffel mit in die Schule? (Seite 11)

   S: Schnuffel hat Angst, wenn niemand bei ihm ist.

   A: Schnuffel möchte gerne rechnen lernen.

2. Was sagt denn Annes Lehrer dazu? (Seite 18)

D: Herr Linder ist böse und schimpft mit Anne.

C: Herr Linder fragt Anne, ob Schnuffel auch schreiben lernen möchte.

3. Kannst du dich erinnern, welche Tiere die anderen Kinder mit in die Schule bringen? (Seite 23–25)

K: Ein Pferd, ein Ferkel, ein Huhn und Goldfische.

H: Meerschweinchen, zwei Katzen, zwei Mäuse, einen Goldhamster, zwei Wellensittiche, eine Schildkröte, einen Schäferhund, einen Pudel und einen Mops.

4. Und warum fällt am Schluss die Schule aus? (Seite 40)

O: Die Kinder gehen alle zusammen in den Zoo.

E: Herr Linder muss sich nach dem Schreck erst einmal erholen.

Lösungswort:

1 S	2 c	3 h	U	L	4 e

Das Lösungswort findest du auf der nächsten Seite

Manfred Mai wurde 1949 in Winterlingen auf der Schwäbischen Alb geboren. Dort hat er zunächst als Maler und Werkzeugschleifer gearbeitet. Später ist er Lehrer geworden und heute ist er ein sehr erfolgreicher Kinderbuchautor. Er lebt mit seiner Frau und zwei Töchtern dort, wo er geboren ist, und manchmal schreibt er auch so, wie man dort spricht, nämlich schwäbisch.

Susanne Wechdorn wurde in Österreich, in der Nähe von Wien, geboren. Sie studierte Rechtswissenschaften an der Universität Wien und erwarb sich dabei einen Doktortitel. Danach machte sie eine Ausbildung zur Grafikdesignerin und arbeitet seit einigen Jahren als freie Illustratorin und Grafikerin in Wien. Sie hat schon viele Kinder- und Schulbücher illustriert. Für das Buch „Wenn Jakob unterm Kirschbaum sitzt" erhielt sie zusammen mit der Autorin Sigrid Laube den Kinderbuchpreis der Stadt Wien und den Österreichischen Staatspreis.

Lösungswort: SCHULE

Erhard Dietl

Willi Vampir in der Schule

Inhalt

Ein Vampir im Liegestuhl

Willi Vampir wohnt
in einer Burg.

Auch eine schwarze Katze,
ein paar Ratten
und viele fette Spinnen
leben dort.

Willi ist ein Vampir,
der die Sonne gut verträgt.
Oft liegt Willi Vampir im Liegestuhl
und lässt sich die Sonne
auf sein Gesicht scheinen.

Wenn der Mond scheint,
sitzt er auf dem Dach der Burg
und träumt von Hexen und Gespenstern.

Er winkt dem Mann im Mond zu
und zählt die Sterne.
Seine Lieblingsratte sitzt dabei
immer auf seinem Kopf.

Papa Vampir will,
dass Willi in die Schule geht.
Er soll endlich etwas lernen.

„Ich will nicht in die Schule!“,
ruft Willi Vampir.
„Ich bin schlau wie ein Fuchs!
Ich kann schon bis zwanzig zählen!“

„Das reicht nicht“, meint Papa Vampir
und spannt ein schwarzes Pferd
vor seine Kutsche.

Der neue Mitschüler

So fahren sie ins Dorf zur Schule.
Papa Vampir parkt die Kutsche
zwischen den Autos.

Die Kinder sitzen alle schon
in ihren Bänken.

Frau Pilz nimmt ihre Brille ab.
Sie schaut erstaunt auf Willi Vampir.

Sein Mund ist rot wie Blut
und die Zähne sind so spitz wie Dolche.

Wenn Willi Vampir die Arme ausbreitet,
sieht er aus wie eine Fledermaus.

„Ich bin Willi Vampir“, sagt Willi Vampir.
„Ich soll hier was lernen!“
Er setzt sich neben Tom.

Willi Vampir nimmt seine Ratte
aus der Tasche
und setzt sie sich auf den Kopf.

Zwei fette Spinnen lässt er
über seinen Arm krabbeln.

Frau Pilz kreischt so laut,
dass ihr die Brille
von der Nase rutscht.

Tom und Sabine springen auf die Bänke.
Die anderen Kinder kreischen.
Allen gruselt vor den Spinnen
und der dicken Ratte.

Willi Vampir grinst
von einem Ohr zum anderen.
Dabei zeigt er seine spitzen Zähne.

Gemütlich legt Willi Vampir die Füße
auf die Bank.

Dann holt er eine Blutorange
und eine Blutwurst aus der Tasche.

„Ich bin hungrig wie ein Löwe!“, sagt er
und schlägt seine Zähne
in die Blutorange.

Da wird Frau Pilz böse und schimpft:
„So geht das aber nicht!
Gegessen wird erst später!

Und Ratten und Spinnen
haben in der Schule
wirklich nichts zu suchen!“

„Hab ich nicht gewusst!“, sagt Willi
und sieht Frau Pilz mit großen Augen an.

Er packt die Ratte, die Spinnen,
die Blutorange und die Blutwurst
wieder in seine Tasche.

Von Knoblauch und Blutegeln

„Jetzt spitzt eure Ohren!“,
sagt Frau Pilz streng.
„Heute lernen wir etwas
über Knoblauch!

Ich habe euch extra
ein paar Knoblauchzehen mitgebracht!“
Sie legt den Knoblauch auf das Pult.

Willi Vampir fällt vor Schreck
beinahe vom Stuhl.
Für einen Vampir ist Knoblauch
etwas Furchtbares.

Frau Pilz nimmt ihr dickes Buch
und liest etwas über Knoblauch vor.

Willi Vampir ist übel.
Sein Gesicht ist grün wie ein Kaktus.

Endlich ist Frau Pilz fertig.
Sie packt den Knoblauch
wieder in ihre Tasche.

Sie sagt: „Jetzt reden wir über Tiere.
Welche Tiere magst du
denn am liebsten, Willi Vampir?“

„Am liebsten mag ich Blutegel!“,
sagt Willi Vampir.
„Iiih, wie ekelig!“,
rufen die anderen Kinder.

Florian meldet sich und sagt:
„Ich mag am liebsten Hunde!“
„Bluthunde sind prima!“,
ruft Willi Vampir.

„Nein, ich meine eher Pudel
und Dackel!“, sagt Florian.

„Ich mag lieber Katzen!“, ruft Nina.

Frau Pilz sagt: „Zu Hause
schreibt ihr in eure Hefte
eine Geschichte über einen Blutegel,
eine Katze und einen Hund.

Jetzt nehmt Stifte und Papier heraus.
Wir malen ein Bild!“
„Was für ein Bild?“,
will Willi Vampir wissen.

„Jeder malt etwas Schönes,
etwas fürs Herz!“, erklärt Frau Pilz.

Tom malt eine Sonne
und einen prächtigen Apfelbaum.

Sabine malt einen süßen Hund.
Laura malt ein Skateboard
und einen Luftballon.

Willi Vampir malt einen Totenkopf,
ein gruseliges Grab
und eine Pfütze voll Blut.

Zwanzig Vampirgebisse

Dann läutet die Glocke zur Pause.
Endlich darf Willi Vampir
seine Blutorange
und die Blutwurst essen.

Alle Kinder drängeln sich
um ihren neuen Mitschüler.

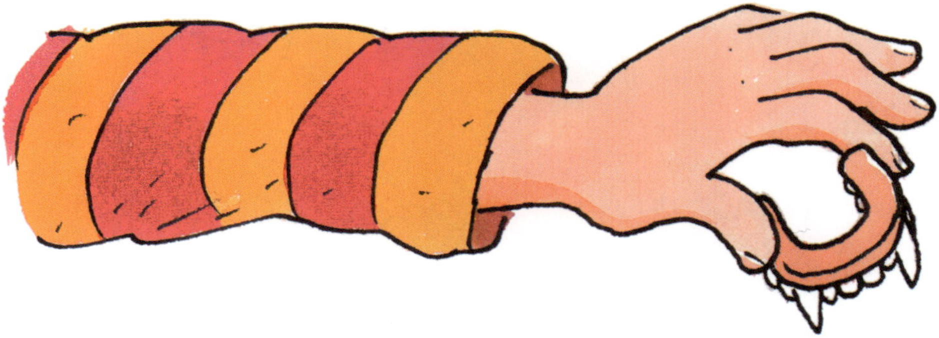

Da holt Willi Vampir ein Vampirgebiss aus seiner Tasche.

„Schenkst du mir das?“, fragt Florian und steckt sich das Vampirgebiss gleich in den Mund.

„Huuh! Ich sauge dich aus!“,
ruft Florian und will Sabine
in den Hals beißen.

„Hilfe, ein Monster!“,
ruft Sabine erschrocken.
Die anderen Kinder lachen.

Dann leert Willi Vampir den Inhalt seiner Tasche auf den Tisch.

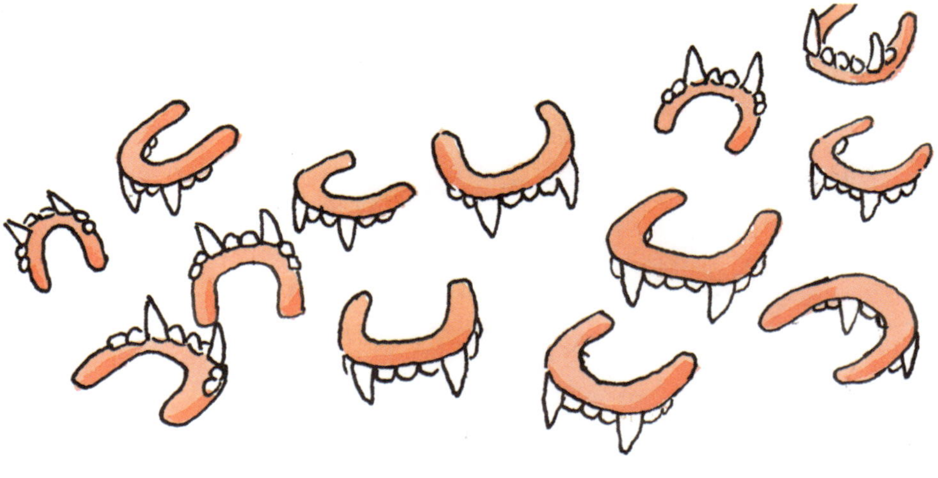

Zwanzig Vampirgebisse fallen heraus. Die Kinder sind begeistert.

Mit zwanzig Vampirgebissen wollen sie nach der Pause Frau Pilz erschrecken.

„Die wird Augen machen!“, meint Sabine. „Das wird sicher sehr lustig!“

„Also dann, macht's gut",
sagt Willi Vampir zu den Kindern,
„ich muss jetzt leider heim!"

Er breitet die Arme aus und
schwingt sich aus dem Fenster
wie eine Fledermaus.

„Komm bald wieder, Willi Vampir!“,
rufen die Kinder ihm nach.

Sie stehen am Fenster und winken,
bis Willi Vampir nicht mehr zu sehen ist.

Leserätsel

Super, du hast das ganze Buch geschafft!
Hast du die Geschichte ganz genau gelesen?
Mal sehen, ob du die Fragen beantworten kannst.
Wenn nicht, lies einfach noch mal
auf den Seiten nach. Wenn du die richtigen
Antwortbuchstaben in die Kästchen auf Seite 87
eingesetzt hast, bekommst du das Lösungswort.

Fragen zur Geschichte

1. Wo lebt Willi Vampir? (Seite 50)

B: In einer Burg.

L: In einem alten Schulhaus
im Dorf.

2. Wie kommt Willi Vampir zur Schule? (Seite 55/56)

Z: Mit dem Auto.

U: Mit der Kutsche. X

3. Welche Tiere nimmt Willi Vampir in die Schule mit? (Seite 60)

T: Eine Ratte und zwei Spinnen. X

B: Eine Fledermaus.

4. Was ist auf Willi Vampirs Bild? (Seite 77)

A: Ein Apfelbaum, ein Hund und ein Skateboard.

E: Ein Totenkopf, ein Grab und eine Pfütze voll Blut. X

5. Wie kommt Willi Vampir nach Hause? (Seite 83)

L: Er fliegt nach Hause. X

N: Er fährt mit der Kutsche.

Lösungswort:

1 B	L	2 U	3 T	4 E	G	E	5 L

Das Lösungswort findest du auf der nächsten Seite

Erhard Dietl wurde 1953 in Regensburg geboren. Er schreibt nicht nur Bücher, sondern malt und zeichnet auch selber. Hauptsächlich arbeitet er für Kinder, und weil er selbst noch ein „großes Kind“ geblieben ist, sind seine Bücher so einfühlsam und witzig. Inzwischen hat er schon über 90 Kinderbücher geschrieben, die überall auf der Welt gelesen werden. Deshalb gibt es seine Bücher auch auf Französisch, Italienisch, Spanisch und sogar Chinesisch. Für den „Leseraben“ hat Erhard Dietl neben „Willi Vampir in der Schule“ unter anderem die „Ätze“-Bände und „Ein Monster im Klassenzimmer“ illustriert sowie „Der neue Fußball“ geschrieben. Noch mehr Informationen zu Erhard Dietl findet man unter www.erhard-dietl.de.

Lösungswort: BLUTEGEL